LETTRE A Mr ***

SUR

PIERRE PUGET

SCULPTEUR, PEINTRE & Architecte.

LETTRE à Mr ***

SUR P. PUGET, SCULPTEUR, *Peintre & Architecte.*

A Peine finissois-je, Monsieur, la lecture de la vie de Pierre Puget célebre Sculpteur, (*a*) qu'il m'est tombé entre les mains un Livre qui a pour titre : *Réflexions critiques sur différentes Ecoles de Peinture* (*b*). Ma surprise a été extrême, quand j'ai lû ce que cet Anonyme dit de Puget ; aussi ai-je été aussi fâché de voir son histoire défigurée, que j'avois été charmé en la lisant. Il semble que l'Anonyme a pris à tâche de nous donner des idées contraires à celles que nous devons avoir de Puget : les faits sont exposés autrement qu'ils ne se sont passés ; l'Auteur nie ce que tout le monde sçait, il brouille tout, non-seulement sans preuve, mais même sans ombre de vrai-semblance.

Je vous envoie, Monsieur, ce

(*a*) Cette vie se trouve à la tête des Memoires pour servir à l'Histoire des Hommes illustres de Provence. A Paris, chez CLAUDE HERISSANT, rue Neuve Notre-Dame, *in*-12. 1752.

(*b*) Imprimé à Paris, chez ROLLIN, &c. in-12. 1752.

que j'ai écrit ſur ce ſujet. Vous ſerez le maître d'en faire l'uſage que vous jugerez à propos. Je commence par tranſcrire ſes propres paroles.

„ L'habile connoiſſeur (M. Mariette), dit-il, qui a fait la déſcription des Tableaux du Cabinet d'Aix, (c'eſt le Recueil du Cabinet des Tableaux de M. Boyer-d'Aiguilles,) a judicieuſement remarqué le grand talent que Puget a eu pour la peinture. Je rapporterai ici le jugement qu'il porte de ce grand homme : *Le celébre Puget ſemblable à Michel-Ange, mais plus naturel & plus délicat, a réuni le talent de la peinture, de la ſculpture & de l'architecture. Il ne s'eſt pas contenté d'animer le marbre & de le rendre, pour ainſi dire, auſſi flexible que la chair même ; lorſque les occaſions ſe ſont préſentées, il a décoré des Palais ; & il a paru alors un grand Architecte. D'autres fois il a confié à la toile des idées impoſantes, il a peint des Tableaux qu'on ne ſe laſſe pas d'admirer. Dans celui-ci* (a) *Puget laiſſe appercevoir combien ſon eſprit*

Réfl. crit. pag. 217.

(a) Le Tableau de Puget, de la fuite en Egypte.

„ *étoit rempli de tout ce qu'il avoit vû*
„ *dans Rome; car les ruines du Fron-*
„ *tispice d'un Temple, qui occupent le*
„ *fonds de son ouvrage, sont une imi-*
„ *tation d'une ruine presque sembla-*
„ *ble, qui se trouve auprès du Capi-*
„ *tole.* "

Je ne puis qu'applaudir à cet éloge de Puget; M. Mariette qui l'a fait, est un très-habile connoisseur; l'Anonyme en convient, & dit plus bas, que c'est même *le plus grand connoisseur de l'Europe*. Je souscris volontiers à ce jugement. Mais il ajoûte: „ Il se trouve un fait historique dans lequel on s'est trompé, „ car Puget n'a jamais été à Rome. " L'idée que l'Anonyme a de M. Mariette, auroit dû l'engager à examiner auparavant si cet habile homme étoit fondé, ou non; ou pour le moins à donner des preuves positives pour appuyer l'opinion contraire. Mais il ne fait ni l'un ni l'autre. „ C'est une chose certaine, *conti-* „ *nue-t-il*, qu'il est très-aisé de vé- „ rifier, parce que tous ses parens „ ou heritiers sont encore vivans à „ Marseille. " Il me semble qu'il auroit dû avoir fait lui-même cette

Pag. 222.

Réfl. *pag.* 218.

Réfl. *ibid.*

vérification, avant que de donner ce démenti à M. Mariette. Le petit-fils de Puget, qui est encore en vie, lui auroit sans doute répondu que son grand-pere avoit été plusieurs années à Rome : mais il ne l'a pas consulté. Où en serions-nous, si de pareils raisonnemens suffisoient pour anéantir les faits les plus connus & les plus certains ?

Puisque l'éloignement du petit-fils de Puget ne nous permet pas de le consulter présentement, produisons des preuves plus qu'équivalentes à son témoignage. D'abord tous ceux qui ont écrit sur Puget, conviennent tous de ses voyages de Rome. *Ses* Historiens sont Florent Le Comte, l'Abecedario Pittorico, M. Tournefort, M. Malaval, M. De Dieu, M. Mariette, M. l'Abbé Goujet, & l'Auteur de la nouvelle vie de Puget. Mais ce qu'il y a encore de plus positif, c'est que M. Tournefort n'a écrit que ce que lui a dit Puget lui-même; que l'Auteur de sa vie dit : « Que les témoignages de » Mrs Malaval & De Dieu sont » d'autant plus précieux, que ces » deux amis de Puget ne m'ont don-

Fl. Le Comte, *sing. de Peint.* Abecedario Pittorico, Tournef. *Voyag. du Levant.* T. 1. Mar. *Cab. d'Aix*, Gouj. *l. supl. de Mor.* Hom. Ill. de Prov.

Dans son avertiss.

„ né que ce qu'ils ont appris de „ Puget lui-même : " enfin l'Auteur de sa vie l'a composée sur les papiers domestiques de sa famille. Ajoûtons que Puget alla à Rome vers la fin de 1641., que dans ce premier voyage il devint l'éleve de Pierre De Cortone, & qu'il apprit l'art de peindre de ce grand Maître. Il séjourna dans cette ville environ deux ans. Il retourna à Rome l'an 1646. ou 1647. avec un Feuillant qui alloit dans cette ville pour faire dessiner tous les Antiques, & les morceaux d'Architecture, par ordre de la Reine Mere. Il chargea Puget de cette commission, qui s'en acquita avec toute l'habileté & l'exactitude qu'on pouvoit attendre de lui. Il y employa cinq ou six ans.

" Quant au Frontispice d'un „ Temple qu'on croit qu'il avoit vû „ à Rome, c'est M. d'Aiguilles qui le „ lui fit mettre dans ce Tableau, que „ Puget peignit pour ce sçavant „ Magistrat. " Réfl. pag. 220.

Ce fait peut être vrai ; mais ce qui m'en fait douter, c'est que Mr Mariette avance le contraire, & que Puget avoit dit plusieurs fois qu'il avoit dessiné tous les morceaux d'Architecture de Rome, & par conséquent que ce morceau ne pouvoit pas lui être inconnu.

Réfl. pag. 218. & 219.

„ Puget, *soûtient l'Anonyme*, vécut „ en Provence sans en sortir jusqu'au „ temps qu'il vint à Paris avec le „ Bernin, qui frapé de la beauté de „ ses ouvrages, le tira de l'obscu- „ rité où il avoit vécu jusqu'alors. „ Cet Italien en voyant les armes de „ la Maison-de-ville de Toulon, „ demanda qui étoit le grand hom- „ me qui les avoit faites. On lui „ répondit, que c'étoit un Sculpteur „ qui vivoit à Marseille. Quoi, s'écria „ le Bernin, vous avez un homme „ de ce mérite, & la Cour ne l'em- „ ploie pas ? Je veux le connoître. „ Le Bernin alla à Marseille, & „ voyant plusieurs autres beaux ou- „ vrages du Puget, il l'emmena avec „ lui à Paris & le présenta au Mi- „ nistre : sans le Bernin, tout le mé- „ rite de Puget n'eût servi de rien.“ Examinons ce détail.

„ *Puget vécut en Provence sans en* „ *sortir, &c.*“ Il est facile de prouver le contraire. Outre les voyages qu'il avoit faits à Florence & à

Rome, il alla en 1659. en Normandie, & fit quelques ſtatuës à Vaudreuil. Il vint enſuite à Paris, & M. Fouquet l'envoya à Génes pour choiſir pluſieurs blocs de marbre: ſon ſéjour fut dans cette ville d'environ neuf ans.

„ *Il tira Puget de l'obſcurité où il* „ *avoit vécu juſqu'alors.* " Le mérite de Puget s'eſt fait connoître très-avantageuſement avant l'âge de vingt ans à Florence. Il lui a acquis à Rome l'eſtime de Pierre de Cortone, qui voulut l'avoir avec lui à Florence. En France les galeries des vaiſſeaux, qu'il inventa, & que toutes les nations ont voulu imiter, le firent connoître par-tout. Les deux Thermes de Toulon lui acquirent l'eſtime de Louis XIV. & de toute la Cour. A Génes, il a été eſtimé & regardé comme un des plus grands hommes de ſon temps. Donc le Bernin ne l'a pas tiré de l'obſcurité où il n'avoit jamais vécu.

„ *Cet Italien en voyant les armes* „ *de l'Hôtel-de-ville de Toulon, &c.* " L'Anonyme ſe méprend ici, & parle des armes de la Maiſon-de-ville de Toulon, au lieu des deux Thermes ou Figures colossales qui soûtiennent le Balcon de cet Hôtel-de-ville, & qui font le sujet de l'admiration de tout le monde.

„ *Le Bernin alla à Marseille, &* „ *emmena à Paris Puget, & le pre-* „ *senta au Ministre.* " Le Cavalier Bernin n'a pas mené avec lui Puget à Paris, & ne l'a pas par conséquent présenté au Ministre. Il n'avoit garde de le trouver à Marseille, puisqu'il étoit alors à Génes, d'où il ne sortit qu'après que le Cavalier Bernin fut arrivé à Paris en 1669., & Puget ne vint à Paris pour la deuxiéme fois qu'en 1688.

" *Sans le Bernin tout le mérite de* „ *Puget n'eût servi de rien.* " C'est beaucoup dire. Je conviens que le Bernin fit à M. Colbert un récit très-avantageux du mérite de Puget; qu'il rendit par ce service, Puget à sa patrie, qu'il rappella au Ministre le souvenir d'un Artiste de grand mérite. Mais dans la situation où se trouvoit alors Puget, il lui eût été plus avantageux de rester à Génes que de venir en France: s'il en faut juger par l'évenement, il est très-certain qu'il eût fait une plus grande fortune. Ainsi c'est à tort que l'Anonyme avance que sans le Bernin tout le mérite de Puget ne lui auroit servi de rien. Je ne m'arrêterai pas à ce qu'il ajoûte : „ Que sans le „ Bernin il eût passé ses jours dans „ sa patrie à faire des Vierges pour „ les Eglises de Marseille ou pour „ les villages circonvoisins, ou des „ statuës pour les jardins des Négo„ cians de Marseille.“ Cela ne demande aucune réponse. „ Des Mar„ chands Genois, *continue l'Anony„ me*, qui demeuroient à Marseille, „ lui procurerent les figures qui „ sont à Génes dans l'Eglise de *Ponte* „ Carignan. Il devoit en faire quatre, „ mais il ne put en exécuter que „ deux, qui sont admirables, même „ au jugement des Italiens. La mort „ interrompit pour toujours les ex„ cellens travaux de ce grand Artiste.“ *Il ajoûte plus bas* : „ Ce fameux Sculp„ teur ne sortit jamais de sa patrie, „ que pour aller placer dans une „ Eglise de Génes deux statuës de „ sa façon.

Réfl. *pag.* 219.

Réfl. *pag.* 222.

Réfl. *pag.* 222.

L'Anonyme ne parle pas du voyage de Puget à Génes par ordre de M. Fouquet, comme si c'étoit un voyage fabuleux. Plein de sa chimere que ce grand Artiste n'est jamais sorti de Provence, il n'en fait nulle mention, & prétend que Puget ne fut à Génes qu'à la fin de ses jours uniquement pour placer deux statuës à *Ponte* Carignan, que „ *des* „ *Marchands Genois qui demeuroient* „ *à Marseille lui avoient procurées.*" C'est ainsi qu'il parle des deux statuës de S. Sebastien & de S. Ambroise, qui sont sur deux piliers du Dôme de l'Eglise de S. Pierre de Carignan, & qui étoient trop connues pour les oublier. Mais il ne dit mot de plusieurs autres ouvrages que Puget avoit faits dans cette ville, & qui sont encore aujourd'hui admirés de tous les connoisseurs.

„ *Il devoit*, ajoûte-t-il, *en* „ *faire quatre*, *mais il ne put en* „ *exécuter que deux.*" Il ne fait pas attention que quand Puget arriva à Génes, les deux autres statuës qui sont sur les deux autres piliers, étoient déja placées. Les Genois auroient été charmés qu'il les eût faites toutes les quatre, mais il n'étoit plus temps. „ *La mort interrompit pour* „ *toujours les excellens travaux de ce*

„ *grand Artiste.* “ Il y a ici un anacronisme considerable : car Puget, selon tous les Historiens qui ont parlé de lui, fit ces deux figures environ l'an 1663. ou 1664., & l'Anonyme ne fait aller Puget que vers l'an 1693. ou 1694. à Génes, trente ans après. Tout cela est avancé sans preuves.

Dans l'idée, Monsieur, où est l'Anonyme que Puget n'a jamais été à Rome, & qu'il n'est jamais sorti de Provence, il a bâti son sistême de la maniére que je viens de l'exposer ; pour cela il a défiguré toutes les circonstances de sa vie, & a voulu nous persuader qu'à l'exemple de Le Sueur il a pû sans aller à Rome, & sans sortir de sa patrie, se mettre au dessus des plus habiles Artistes. Mais il s'est trompé : car les fables ne peuvent jamais servir à relever le mérite d'un grand homme ; il n'y a que le vrai seul qui puisse l'honorer : la fiction fait l'ornement d'un Roman, mais défigure une Histoire. Puget ne merite pas moins de gloire pour avoir sçû profiter, comme il a fait, des beautés qu'il a vues à Rome, que s'il l'avoit fait sans

Réfl. page 221.

avoir été dans cette ville, & sans être sorti de sa patrie.

Avant que de finir, je dois rendre à l'Anonyme cette justice, qu'il n'a nulle envie de blâmer Puget; qu'il veut au contraire le louer : mais sa mémoire lui fournit d'une maniére infidelle les traits de sa vie; ou pour mieux dire, le systême qu'il a imaginé, lui fait nier les faits les plus vrais, pour en substituer d'autres, qui ne sont rien moins que vrai-semblables. Je n'ai garde de blâmer le reste de son ouvrage : je ne l'ai pas lû, & je le crois bon : je ne m'arrête qu'à ce qu'il dit de Puget, & mon unique intention n'est que de rétablir les faits tels qu'ils doivent être. Il faut respecter la vérité jusques dans les moindres choses. Je le prie d'être bien persuadé que je n'ai nulle envie de lui faire de la peine.

L'Anonyme parle avec estime des Tableaux de Puget. Je suis de son sentiment. „ Il a peint, *dit-il*,
Réfl. pag. 216. „ des Tableaux admirables: il y en „ a plusieurs dans les Eglises de „ Marseille. " Il devoit dire, dans l'Eglise Cathédrale de la Major; „ car „ il n'y en a point dans les autres

Egliſes de cette ville. “ Preſque tous
„ les Peintres, *continue-t-il*, qui vont
„ à Rome à l'Académie, & qui en
„ reviennent, les admirent & en
„ conſervent un profond ſouvenir....
„ Quant à ces Tableaux, *ajoûte-t-il*, Réfl. pag.
„ il les a preſque tous peints avant 220.
„ que de venir à Paris, & dans un
„ temps où il étoit auſſi connu en
„ France, que Le Correge l'étoit en
„ Italie. “ Il ſe plaint enſuite de ce
que ceux qui ont écrit les vies des
Peintres, ne parlent pas de Puget.
C'eſt auſſi la plainte qu'a fait l'Au- Dans ſon
teur de la nouvelle vie de cet habile avertiſſ.
Artiſte. L'Anonyme ſe récrieroit
ſans doute contre ceux qui diſent,
que Puget n'étoit qu'un Peintre du
commun. M. Mariette n'en parle Mar. *Sup.*
pas ainſi. “ D'autrefois, dit-il, il a *prà.*
„ confié à la toile des idées impoſan-
„ tes; il a peint des Tableaux qu'on
„ ne ſe laſſe pas d'admirer. “ Ajoûtons, que M. le Régent, qui étoit
très-habile connoiſſeur, n'auroit
pas deſiré avoir trois Tableaux de
Puget que les Chanoines de la
Cathédrale de Marſeille lui avoient
offerts, s'il les avoit regardés comme des ouvrages d'un Peintre du

commun ; & que les Recteurs de l'Eglise de la Major n'auroient pas intenté un Procès à ces Chanoines, pour avoir ces Tableaux après la mort de M. le Régent.

La lecture que vous ferez, Monsieur, de la vie de cet illustre Artiste qui se trouve dans les Memoires pour servir à l'Histoire de plusieurs hommes illustres de Provence, vous donnera non-seulement une grande idée de cet habile homme, mais vous inspirera même du goût & de l'estime pour ses excellents ouvrages. J'ai l'honneur d'être, &c.

A Paris le 25. Mars 1752.

Registré sur le Livre de la Communauté des Libraires & Imprimeurs de Paris, No. 3505. conformément aux Réglemens, & notamment à l'Arrêt du Conseil du 10. Juillet 1745. A Paris, le 21. Juin 1752.

J. HERISSANT, Adjoint.

Lû & approuvé, ce 27. Mars 1752.

CRÉBILLON.

Vû l'approbation, permis d'imprimer, à la charge d'enrégistrement à la Chambre Syndicale, ce 8 Avril 1752. BERRYER.

www.ingramcontent.com/pod-product-compliance
Ingram Content Group UK Ltd.
Pitfield, Milton Keynes, MK11 3LW, UK
UKHW012310240726
13966UKWH00005B/1779

9 782011 906564